AF338816

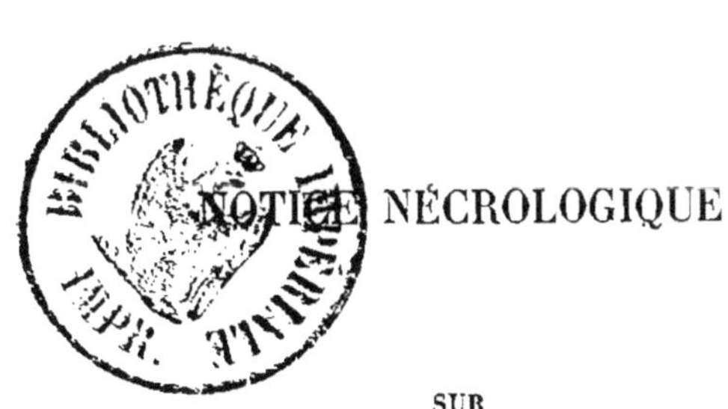

NOTICE NÉCROLOGIQUE

SUR

M. LE COMTE DE VILLÈLE.

Extrait du Journal d'Agriculture pratique pour le Midi de la France.

NOTICE NÉCROLOGIQUE

SUR

M. LE COMTE DE VILLÈLE,

ASSOCIÉ LIBRE DE LA SOCIÉTÉ D'AGRICULTURE DE LA HAUTE-GARONNE,

Lue dans la Séance publique de la Société, le 25 Juin 1854 :

Par M. LESPINASSE DE SAUNE,

Membre résidant de la Société.

MESSIEURS,

L'Orateur romain, faisant l'éloge de l'agriculture, disait qu'il n'était rien de meilleur, rien de plus doux, rien de plus digne d'un homme libre. Il aurait pu ajouter que l'agriculture adoucit les mœurs, rapproche les hommes, apaise les haines et les dissensions. Il semble que la contemplation journalière des merveilles de la nature et des bienfaits de la Providence, la paix des champs, cette atmosphère calme et sereine, au milieu de laquelle vit l'agriculteur, loin du théâtre des luttes de parti et des rivalités politiques, le soumettant à une douce influence, épurent son âme, le dégagent des préjugés et des passions, le rendent plus impartial et plus modéré dans ses jugements, disposent son cœur aux sentiments affectueux.

Ces pensées, Messieurs, se présentent à mon esprit quand je vois la Société d'Agriculture réunie dans un commun senti-ment de douleur autour de la tombe d'un illustre collègue, qui, dans sa carrière politique, rencontra de nombreux adversaires et combattit pendant quinze ans, à l'ombre d'un drapeau proscrit depuis bientôt un quart de siècle, pour le soutien d'une dynastie dont le dernier rejeton est condamné à l'exil... Et cependant, Messieurs, quel est celui de vous dont la loyauté n'est pas disposée à rendre justice à cet homme éminent !

Je sais, Messieurs, que la politique n'est pas de notre ressort. Il est cependant impossible de raconter la vie de M. de Villèle sans faire quelques excursions dans son domaine. Mais si, comme Français, nous ne pouvons oublier, dans cette notice, que notre patrie lui doit ses plus beaux jours de gloire et de prospérité, nous nous plairons surtout, comme agriculteurs, à rappeler quelques-unes de ces grandes mesures administratives projetées ou accomplies par M. de Villèle, qui se liaient intimement à l'intérêt agricole, en relevant l'influence et la valeur de la propriété, ou en la dégrévant de ses charges. Telle est, en effet, l'importance de l'agriculture au point de vue politique et social, que tout ce qui peut assurer son développement et ses progrès a toujours été l'objet des préoccupations des hommes d'Etat vraiment dignes de ce nom.

GUILLAUME-MARIE-ANNE-SÉRAPHIN-JOSEPH, COMTE DE VILLÈLE, naquit à Toulouse le 14 avril 1773, d'une famille ancienne, établie dans la partie du Languedoc que l'on nomme le Lauraguais. On retrouve fréquemment son nom dans les monuments historiques des xiie et xiiie siècles. On voit notamment Guillaume et Arnaud de Villèle, qui possédaient plusieurs seigneuries dans le bailliage de Montgiscard, rendre foi et hommage à Philippe-le-Hardi, en 1271 (1). Mais pourquoi rechercher ceux de ses

(1) V. *Annales de Toulouse,* de Lafaille, 1re part., p. 48. — *Hist. du Languedoc,* de D. Vaissette, 3e vol., p. 474. — *Jugements sur la noblesse de Languedoc,* de M. de Besons, 2e part., p. 139.

aïeux qui figurent avec honneur dans nos annales ou dans celles d'un peuple voisin ! M. de Villèle a acquis assez de gloire pour n'avoir besoin de rien emprunter à l'illustration de sa race ou de ses alliances. Vous me reprocheriez toutefois, Messieurs, de ne pas jeter quelques fleurs sur la tombe de M. de Villèle le père. Qui n'a conservé le souvenir de ce vieillard vénérable, de ses vertus antiques, de son inépuisable bonté ! Pourrions-nous oublier qu'il fut le fondateur de notre Compagnie? qu'il la soutint, pendant plus de vingt ans, par son zèle, son dévouement et ses lumières, et qu'il mérita le titre de *Patriarche de l'Agriculture du Midi de la France?* A l'école de ce vertueux père, M. de Villèle puisa ces principes religieux qui ne l'abandonnèrent dans aucune circonstance de sa vie.

Après ses premières études, faites au Collége royal de notre ville, où un brillant émule, dont la mémoire est chère à la cité, M. Pinaud, pouvait seul lui disputer la victoire, le jeune de Villèle subit un examen dans lequel il étonna le célèbre Monge par ses réponses, et qui lui ouvrit les portes de l'école navale de Brest; il n'avait que quatorze ans.

Il fit sa première campagne à Saint-Domingue, dans la marine royale, et puis s'embarqua pour les Indes-Orientales, sous le commandement du vice-amiral de Saint-Félix, ami de sa famille.

La révolution éclata. Le contre-coup de cet événement retentit jusqu'à l'île Bourbon, où s'étaient réfugiés M. de Saint-Félix et M. de Villèle. Une administration jacobine parvint au pouvoir. Elle décréta la peine de mort contre le vice-amiral et contre tous ceux qui tenteraient de le soustraire aux poursuites dont il était l'objet, ou ne feraient pas connaître sa retraite. M. de Saint-Félix avait fui dans les montagnes. C'était M. de Villèle qui, au péril de sa vie, pourvoyait tous les jours à ses besoins. Arrêté en flagrant délit de dévouement et de piété filiale, sommé par un tribunal sanguinaire de faire connaître la retraite de M. de Saint-Félix, le jeune marin, à peine âgé de dix-huit ans, répond, avec une noble fermeté, qu'il aime mille fois mieux mourir que de trahir un chef vénéré. Tant de courage dans un âge si tendre excite l'admiration et les sympathies de la colonie tout entière, et l'opinion publique arrache un acquittement à ses bourreaux.

L'île Bourbon adopta M. de Villèle comme un de ses enfants. Il s'y fixa, en attendant que des jours meilleurs lui permissent de rentrer en France, et y devint propriétaire d'une habitation. L'estime générale que sa conduite lui avait acquise, les preuves multipliées qu'il ne tarda pas à donner de sa capacité, lui valurent des relations amicales avec les familles les plus distinguées de l'île, et notamment avec la famille Desbassyns, à laquelle il s'unit plus tard par une alliance qui fit le bonheur de sa vie.

Pendant que nos colonies étaient livrées à la révolte, à la dévastation et à la mort, l'île Bourbon avait su conjurer les dangers qui la menaçaient. Elle avait formé un Conseil qui se constitua en gouvernement de l'île. M. de Villèle dut naturellement en faire partie, et son influence y fut bientôt décisive. La nouvelle administration, placée au milieu des circonstances les plus difficiles, écarta les éléments révolutionnaires qui avaient causé les premiers troubles. Elle prit ensuite de si sages mesures, et agit avec tant de prudence, qu'elle eut le bonheur de rétablir la paix et l'harmonie intérieures.

Cependant la République, qui avait député onze de ses Commissaires pour faire insurger nos colonies, n'avait garde d'oublier Bourbon. Quelques-uns d'entre eux, parmi lesquels se trouvaient Santhonax, paraissent dans la rade, lui apportant la liberté, escortés de soldats et de baïonnettes. Mais à peine ont-ils mis pied à terre, qu'ils sont saisis par des hommes armés qu'avait apostés le Conseil, et forcés de se rembàrquer à l'instant, non sur le vaisseau qui les avait apportés, mais sur un autre navire en partance pour les Philippines. Ce trait de vigueur préserva l'île Bourbon de l'horrible sort de Saint-Domingue, et la conserva à la France.

C'est ainsi que M. de Villèle préludait dans la carrière administrative : de bonne heure il faisait entrevoir les hautes qualités de l'homme d'Etat, qu'il devait déployer, quelques années après, sur un plus grand théâtre.

Rentré en France en 1807, M. de Villèle se retira dans sa terre de Morvilles, où il se livra exclusivement à l'agriculture. Tout était à refaire dans ces contrées. Nos champs se ressentaient encore de la longue absence des propriétaires, jetés dans les cachots, envoyés à la mort, ou fuyant loin de leur patrie. Les bonnes pratiques agricoles étaient négligées, les prairies artificielles et les amendements inconnus. Déjà, comme le disait naguère l'un de nos honorables Vice-présidents, M. de Villèle le père avait fait sentir aux plus incrédules les prodigieux effets du plâtre sur les fourrages, en présentant un champ de trèfle divisé en plusieurs bandes égales, alternativement plâtrées et non plâtrées, renouvelant ainsi la démonstration que Franklin avait donnée en Amérique. M. de Villèle le fils, qui reçut des mains paternelles la propriété et l'administration du domaine de Morvilles, imprima bientôt une vive impulsion à toutes les améliorations agricoles. Il vulgarise, par son exemple, la culture des prairies artificielles, et les fait entrer dans notre assolement ; il supprime la jachère, perfectionne et multiplie les bestiaux, introduit les *mérinos*, élève des constructions aussi saines que commodes pour les colons, les bestiaux et l'engrangement des fourrages, sillonne son magnifique domaine de chemins d'exploitation qui en relient toutes les parties, et qui, bordés de haies d'aubépine et plantés de myriades d'arbres d'essences diverses, et surtout de peupliers d'Italie, presque inconnus encore dans la contrée, le transforment en un immense jardin paysager. Mais ce qui frappe l'œil de l'observateur à Morvilles, c'est le cachet que M. de Villèle a imprimé à toutes ses œuvres : ordre, régularité, simplicité, judicieuse économie ; point de luxe, point d'ostentation. *Rien de trop*, est la devise du Sage : ce fut toujours celle de M. de Villèle.

En 1819, il reçut de notre Société la palme agronomique pour *la culture des grains et les travaux de labourage*, et fut proclamé candidat au concours général qui devait s'ouvrir à Paris, l'année suivante, entre les propriétés les mieux administrées du royaume. Le Roi lui accorda la médaille d'or. M. de Villèle désira qu'un dernier hommage fût rendu à son vieux père, qui, un an après, devait être enlevé à la vénération publique, et la Société, dans sa séance solennelle de 1821, couronna celui qu'elle proclama, par l'organe de son Président, « son chef, son guide, le modèle de toutes les vertus qui inspirent l'attachement et commandent le respect. »

Cependant, Messieurs, les temps et les événements ont marché. M. de Villèle a quitté cette retraite chérie, qu'il ne retrouvera qu'après quatorze années de soucis et de labeurs. La vie publique a commencé pour lui : le 25 juillet 1815, il fut nommé Maire de Toulouse.

Son administration eut à traverser des temps difficiles. La récolte fut mauvaise en 1817. M. de Villèle pourvut à l'approvisionnement de la ville, en s'assurant la coopération du père d'un nos collègues, M. Lignières, négociant distingué, et d'un certain nombre de propriétaires, qui s'obligèrent à fournir nos marchés à tour de rôle. Cette mesure obtint un plein succès. Le blé, très-rare sur certains points de la France, où il parvint au prix énorme de 45 fr. 46 cent., ne manqua jamais sur la place de Toulouse, où il se vendit au prix moyen de moins de 31 francs, sans jamais atteindre celui de 35 fr.

C'est cette même année 1817, que devint exigible le legs de 50,000 fr. généreusement fait à la ville par un de nos anciens Capitouls, M. Lagane, pour l'établissement des fontaines. Si, dans dix ans à partir de cette époque, les eaux ne coulaient pas dans la ville, le legs était révoqué. Depuis deux siècles, les projets les plus divers étaient présentés. Ceux qui alors se recommandaient le plus par le nom et la science de leurs auteurs, allaient prendre l'eau de la Garonne à Muret, ou celle de l'Ariége à Auterive, c'est-à-dire, à 20 ou 30 kilomètres. Mais, dit M. d'Aubuisson, dans son *Histoire de l'établissement des fontaines*, l'homme d'un esprit supérieur qui était à la tête de l'Administration municipale, vit bientôt, avec sa merveilleuse sagacité, que tous ces plans étaient inexécutables, et que ses concitoyens risquaient de perdre le bénéfice d'un legs important. Discutant un jour dans une réunion d'ingénieurs : « Messieurs, leur dit M. de Villèle, après les avoir entendus, » vous êtes fort savants, et je ne le suis pas. Mais vous voulez » de l'eau de la Garonne ; cette rivière passe dans nos murs : » pourquoi aller chercher si loin ce que vous avez tout près ? » Les chutes d'eau à vos deux moulins ne vous fournissent- » elles pas une force suffisante pour élever toute l'eau que vous » voudrez, et à la hauteur que vous voudrez ? » — Cette observation, ajoute M. d'Aubuisson, dont la justesse est d'ailleurs si évidente, peut être regardée comme l'impulsion qui nous a lancés dans la direction que nous avons suivie.

Tout a été dit sur l'établissement de nos fontaines, qui nous fournit gratuitement ce que nous achetions 150,000 francs par année, et qui fait l'admiration du voyageur et du savant. Mais si les administrateurs qui succédèrent à M. de Villèle eurent l'honneur d'y mettre la dernière main, il est juste de reconnaître que c'est à lui qu'appartient l'initiative de cette grande entreprise.

En même temps que notre collègue était appelé à la tête de l'Administration municipale, il entrait au Conseil général du département, dont il présida presque toutes les sessions jusqu'en 1821, et à la Chambre des Députés, où son dévouement au Roi et à la patrie, la supériorité de son talent, sa modération, sa prudence, lui assurèrent bientôt une prépondérance marquée dans les rangs de l'Opposition monarchique.

Nous ne le suivrons pas, Messieurs, dans la lutte qu'il soutint contre les tendances du Gouvernement de cette époque, ni dans l'exposition du système qu'il voulait leur substituer. Mais nous ne saurions passer sous silence l'opinion que M. de Villèle émettait dès 1815, parce que cette opinion fait voir la perspicacité de cet homme d'État, et qu'elle contient en germe tout le système politique qu'il a suivi pendant les quatorze années de sa vie publique.

Nous n'en sommes plus, Messieurs, à l'enthousiasme pour la Charte de 1814, et l'on pourrait, je crois, en médire, sans risquer d'offenser aucun de ses anciens adorateurs. Dans la pensée de Louis XVIII, elle devait « lier tous les souvenirs à » toutes les espérances, en réunissant les temps anciens et les » temps modernes (1). » Hélas ! ce n'était là, vous le savez, que les illusions d'un cœur généreux. En 1846, un homme qui se connaissait en révolutions, et dont j'ose à peine prononcer ici le nom, M. Ledru-Rollin, disait dans un ouvrage sérieux (2), qu'elle n'était *qu'une transaction entre la révolution et la royauté.* Il était alors facile de la juger. Mais M. de Villèle, dans une brochure publiée au moment même de l'apparition de la Charte et avant qu'elle ne fût loi de l'Etat,

(1) Préambule de la Charte de 1814.

(2) Rép. du Journal du Palais, v° *Constitutions.*

avait fait entendre ces paroles prophétiques : « La lassitude
» générale permettra peut-être de faire marcher quelque temps
» cette œuvre d'imprévoyance ; mais au premier choc tout crou-
» lera , et nous rentrerons en révolution..... Cependant, disait-
» il ailleurs (*Conservateur*, *juillet* 1815), tout espoir n'est
» pas perdu. Les lois organiques, que la Charte ne contient
» pas , développées dans le sens monarchique , pourraient suffire
» à l'organisation d'une monarchie bien constituée, et établir
» sur des bases solides l'alliance du pouvoir et des libertés pu-
» bliques ; tandis que , développées dans le sens démocratique ,
» elles doivent nécessairement substituer : — le règne des Cham-
» bres ou d'une Chambre à celui du Roi ; — la plus complète
» démocratie à une monarchie tempérée ; — enfin , la liberté
» anarchique de la révolution aux libertés réelles de la monar-
» chie. » — Qui n'admirerait, Messieurs, la sagacité de M. de
Villèle , écrivant ainsi , en 1815 , l'histoire de 1830 et de
1848 !

Le développement de la Charte dans le sens monarchique :
tel fut le but constant de M. de Villèle dans les rangs de l'opposition , ou à la tête du ministère. Mais, à l'époque dont nous
parlons , ni M. de Villèle, ni ses amis n'étaient au pouvoir.
Tous ses efforts , tout son talent ne purent empêcher que la
Charte ne fût développée dans le sens qui , d'après lui, devait
conduire la monarchie aux abîmes. Il devint bientôt aisé de
juger le système qui avait prévalu , d'après les fruits qu'il pro-
duisit.... Le coup de poignard du 13 février , en jetant de
sombres lueurs sur le présent, acheva d'éclairer l'avenir. Une
réaction s'opéra , et la force de l'opinion publique fit entrer
M. de Villèle au ministère, le 21 décembre 1820 , avec le titre
de Ministre d'état sans portefeuille , et le 14 décembre 1821 ,
avec celui de Ministre des finances. Un an après (4 septembre
1822) , il devenait président du Conseil.

Ce n'était pas un homme ordinaire, Messieurs, que celui qui, investi de la confiance de deux Rois, domina pendant sept ans les conseils de la Couronne, et, dans une Chambre où se trouvait réunie l'élite des deux grands partis politiques qui divisaient la France, demeura le maître et le roi de la tribune. Cependant, comme orateur, il n'avait ni la fougue du général Foy, ni le style philosophique de Royer-Collard, ni l'esprit et la finesse de Benjamin Constant; il n'était pas profond comme Bonald, coloriste comme Châteaubriand, chevaleresque comme Fitz-James, harmonieux et plein de grâce comme Martignac; mais il l'emportait sur tous les orateurs parlementaires par le seul ascendant de sa raison, et la vigueur de sa dialectique. Les choses tenaient tant de place dans ses discours, a dit un publiciste, que la phrase n'y en trouvait point. Il aurait pu dire comme Voltaire : Je n'ai pas fait de phrase de ma vie, et je m'en vante. Son intelligence saisissait les affaires, quelque difficiles qu'elles fussent, à la première vue. Quand il avait étudié une question, il la possédait si bien dans l'ensemble et dans les détails, qu'il était impossible de le trouver en défaut. Dans la discussion, il était clair, net, positif, disant tout ce qu'il fallait dire, et ne laissant pas échapper un mot hasardé, écoutant avec calme et sang-froid, réfutant une à une toutes les objections, ne se permettant jamais, malgré les attaques personnelles dont il était l'objet, une parole blessante pour ses adversaires. Sa présence d'esprit était si admirable, que les raisonnements, les faits, les chiffres, les dates, se présentaient à lui sans confusion ; son coup d'œil si prompt, qu'à l'instant il avait découvert le côté vulnérable d'une argumentation ; la justesse de son esprit si bien reconnue par tous les partis, qu'après une discussion dans laquelle avaient été entendus les principaux orateurs des deux côtés de la Chambre, — qui avaient fini par ne plus savoir quel était le véritable objet du débat : — *Montez donc à la tribune, M. de Villèle,* s'écriait Casimir Périer avec sa pétulance ordinaire, *pour rétablir l'état de la question !* — Ce ne sont là, Messieurs, que quelques-uns des traits les plus saillants du talent de M. de Villèle ; il faudrait la plume de M. de Cormenin pour en saisir tous les détails.

M. de Villèle traitait avec la même facilité les questions de finances, d'administration, de législation, de politique intérieure ou extérieure. Quelle était donc cette puissance d'organisation qui embrassait des objets si divers ! Réunions du Conseil, débats aux Chambres, travaux de cabinet, solliciteurs, députés, réceptions, la journée suffisait à tout, et il recommençait sans fatigue le lendemain.

L'histoire dira toutes les difficultés de la situation quand M. de Villèle arriva au pouvoir : la révolution triomphant à Naples, en Piémont, en Espagne ; la France humiliée par le souvenir de deux invasions ; l'industrie et le commerce paralysés ; les finances aux abois ; l'agriculture gémissant sous le poids des impôts ; les possesseurs des biens des anciens émigrés, alarmés sur leur avenir ou feignant de l'être ; la sécurité publique compromise par l'existence des sociétés secrètes ; le sol ébranlé par les conspirations.

Elle dira aussi toutes les gloires de son ministère : la prépondérance rendue à la France dans les Conseils de l'Europe ; la guerre d'Epagne — ce modèle des guerres d'intervention, a dit M. de Lamartine, et qui réconcilia la France avec son drapeau —, heureusement accomplie malgré l'Angleterre ; la transition d'un règne à l'autre opérée sans secousse ; la religion protégée ; les finances rétablies ; le commerce, l'industrie, l'agriculture, prenant un développement inconnu jusqu'alors.

Quant à nous , Messieurs , parmi les grandes mesures qui ont illustré l'administration de M. de Villèle , nous nous arrêterons sur celles qui ont un rapport direct avec l'intérêt agricole : vous avez nommé — la conversion des rentes , — la loi d'indemnité — et le dégrèvement.

Pour pouvoir réaliser ses grandes vues en faveur de la propriété, M. de Villèle dut d'abord remédier à l'état de nos finances. Car, vous ne le savez que trop , Messieurs , c'est en une aggravation des charges publiques que se traduit tôt ou tard le désordre dans la gestion des deniers de l'Etat , et ce sont les propriétaires , vrais parias de tous les régimes , qui sont destinés à en supporter le fardeau.

Or il introduisit dans nos finances un ordre admirable et les éleva au plus haut point de prospérité qu'elles aient jamais atteint. C'est de M. de Villèle , bien plus encore que de Sully, qu'on peut dire avec l'historien d'Henri IV : « Qu'il avait le génie » porté au maniement des finances et toutes les qualités requises » pour cela ; homme d'ordre , exact , bon ménager, gardant » sa parole , point fastueux , laborieux , expéditif , donnant » tout son temps aux affaires et point à ses plaisirs ; avec cela , » ayant le don de pénétrer les matières jusqu'au fond , et de » développer les entortillements et les nœuds dont les financiers » s'étudient à cacher leurs grivèleries (1). »

Les dettes de l'Etat , lorsque Sully fut nommé surintendant des finances , étaient de 330 millions , qui pourraient valoir un peu plus du double aujourd'hui. L'histoire lui prodigue ses éloges , et avec raison , sans doute , pour avoir acquitté , pendant la durée de sa surintendance qui fut de onze à douze ans ,

---

(1) Péréfixe, *Hist. du roi Henri le Grand.*

87 millions , ou un peu plus de 200 de notre monnaie... , et M. de Villèle , dans le cours d'une administration plus courte de moitié , trop courte , hélas ! pour la France , put solder une partie des 1300 millions de l'arriéré antérieur à 1814 , les 1500 millions imposés par l'étranger , le milliard de l'indemnité , les 100 millions de la guerre d'Espagne.... , tout en dégrévant le budget.

Les finances rétablies , il proposa la conversion des rentes , mesure purement financière en apparence , mais qui devait en réalité exercer la plus puissante influence sur l'avenir de l'agriculture. Cette opération , qui paraît si naturelle et si juste aujourd'hui , ne fut pas comprise alors. On allait jusqu'à contester à l'Etat le droit d'offrir à ses créanciers l'option entre le remboursement du capital et une réduction d'intérêt. M. de Villèle échoua à la Chambre des Pairs..... ; mais il eut la gloire de devancer l'Europe et son siècle. Depuis , l'Angleterre , la Belgique , la Prusse , sont entrées dans la voie qu'il avait tracée. Ce n'est qu'en 1852 que la France a pu l'y suivre. La loi de 1824 , opérant sur 200 millions de rentes 5 p. % alors existantes , eût produit pendant vingt-huit ans une diminution annuelle de 40 millions dans les charges publiques. « Ces » pauvres contribuables ont du malheur , écrivait M. de » Villèle en 1839 (*Lettres d'un contribuable*); on ne fit pas » la conversion en 1824 , pour leur éviter, disait-on , de per- » dre ce milliard que devait leur coûter la conversion propo- » sée , milliard imaginaire , qu'ils perdent aujourd'hui en » réalité , justement parce qu'on ne la fit pas alors ! »

Les effets de la loi étaient certains, et les intentions de M. de Villèle évidentes. La conversion opérée, l'intérêt de l'argent baisse aussitôt, l'usure diminue, les capitaux sont arrachés à l'agiotage, pour refluer vers l'industrie et le commerce, sans doute, mais aussi vers l'agriculture, dont ils assurent la prospérité, en augmentant la valeur des biens fonds, en se mettant au service des propriétaires, et en facilitant ainsi tous les progrès agricoles.

Il est dans la destinée des grandes conceptions politiques de n'être bien jugées qu'à distance. A leur apparition, la médiocrité jalouse s'attache aux œuvres du génie qu'elle ne peut ou ne veut pas comprendre, pour les dénaturer et les proscrire. En 1824, on ne comprit pas la conversion des rentes : en 1825, on ne comprit guère mieux la fameuse loi de l'indemnité.

Sans doute, l'Opposition de l'époque était conséquente à elle-même en la repoussant comme la condamnation des confiscations et des principes révolutionnaires ; mais elle n'en voulut pas voir la haute portée politique. Oui, M. de Villèle voulut indemniser les anciens émigrés, ou plutôt les orphelins, victimes du prétendu crime de leur père, supportant quelquefois les dernières rigueurs du sort, à la porte de leurs anciennes demeures. Mais les vues de M. de Villèle allaient et plus haut et plus loin. Quels immenses résultats n'eut pas la loi du 27 avril 1825 ! Elle donna une consécration nouvelle au droit de propriété, l'une des pierres angulaires de l'ordre social ; effaça la distinction, maintenue par l'opinion en dépit de la loi, entre les propriétés patrimoniales et les biens dits nationaux ; lava la tache originelle de plus de 450,000 titres de propriété ; rassura ainsi deux millions de possesseurs ; tripla la valeur d'une masse de propriétés, représentant déjà 1300 millions à l'époque de la vente ; enfin, remit dans la circulation plusieurs milliards, qui ont rendu au trésor, en droits éventuels, ce qu'avait coûté l'indemnité. — Voilà, Messieurs, l'opération qui déchaîna tant de tempêtes contre le grand Ministre qui l'avait conçue ! Inscrite sur le tombeau de M. de Villèle, s'écrie M. de Lamartine, le Ministre de 1848, elle serait la plus glorieuse épitaphe du financier et de l'homme d'Etat.

Et cependant, Messieurs, ce financier, cet homme d'Etat ne professait pas en économie politique les principes que nous avons vu préconiser et pratiquer depuis. On a beaucoup vanté pendant quinze ans les *gros budgets;* on a soutenu que l'impôt était pour les contribuables une avance qui leur rapportait au centuple ; que les sommes qu'il produisait, centralisées dans les caisses de l'État, se transformaient, sous son action féconde, en canaux, routes, chemins de fer, travaux publics de toute sorte, alimentant toutes les industries, occupant des millions de bras. Mais, disait M. de Villèle, combien de primes la nuée des percepteurs, receveurs, payeurs, entrepreneurs et mille autres ne va-t-elle pas prélever sur cet argent que vous arrachez au contribuable ! Il sera bien amoindri, avant que quelque chose ne lui revienne, si jamais quelque chose doit lui revenir ! Serait-il donc demeuré enfoui dans la bourse de ce propriétaire? Eût-il été stérile ? N'aurait-il pas circulé? n'aurait-il pas servi à solder, *directement et sans intermédiaire*, des réparations, constructions, améliorations de toute nature, dépenses de nécessité et de luxe? —L'exagération de l'impôt conduit à l'amoindrissement de l'influence territoriale, à la prédominance des capitaux mobiliers, à l'absorption, par l'Etat, de la société tout entière, et par là au socialisme. M. de Villèle, l'homme du sol et de la propriété, partisan d'un impôt réduit, diminua l'impôt de 92 millions (1) Eh ! Messieurs, quel Ministre, je pourrais dire depuis l'origine de la monarchie, a fait plus pour l'agriculture ! Nous demandons pour elle la ·

(1) 91,865,347 fr. Rapport de M. de Chabrol au Roi, du 15 mai 1830.

protection des Gouvernements, des récompenses, des primes, des fermes-modèles , des écoles : tout cela est très-bien sans doute. Mais ces encouragements n'ont peut-être qu'une action lente et indirecte, tandis que l'influence d'un dégrèvement est directe , immédiate, infaillible. Rendons grâce au Gouvernement actuel, qui a bien compris ces vérités, et qui s'est empressé d'alléger de 27 millions le poids des charges que ses prédécesseurs nous avaient imposées.

Ajoutons que M. de Villèle , conséquent à ses principes, se garda bien d'aggraver les droits de mutation, fixés à un taux modéré par la loi du 28 avril 1816 , droits qui ont été doublés par celle du 21 avril 1832 , et qu'il réduisit au simple droit fixe de 1 fr. les échanges entre immeubles contigus , si intéressants pour l'agriculture , par l'utilité de la réunion des patrimoines , échanges , qui ont été replacés par la loi du 24 mai 1834 sous l'empire du droit proportionnel.

Nous touchons au terme de l'administration de M. de Villèle. Mais pourriez-vous me pardonner de ne pas parler des principes religieux de l'homme d'Etat ! le maniement des affaires ne lui avait pas desséché le cœur. Homme de foi et de conviction , il n'oublia jamais les pieux enseignements qui avaient nourri son enfance. Aujourd'hui que le Gouvernement accorde à la religion une protection dont il s'honore, et aux corporations religieuses une entière liberté , on a peine à concevoir que M. de Villèle eût besoin de toute la solidité de ses principes, de toute la fermeté de son caractère , pour résister à l'Opposition, qui lui demandait l'expulsion des corps religieux , au nom des décrets révolutionnaires. Ces sortes de persécutions ne sont pas de notre temps, répondait-il ; et il refusa nettement de les faire exécuter. —Par deux lois rendues en 1825, il donna une existence légale aux communautés de femmes , et punit la profanation des choses saintes , sans craindre le reproche de fanatisme, en marchant sur les traces de Louis IX , le saint Roi , de Louis XII , le père du peuple , et du chancelier de l'Hospital.

Comment cet homme si éminent , qui avait doté son pays d'une prospérité sans exemple , fut-il contraint de se retirer du ministère !

Il ne m'appartient pas de discuter ici les causes de sa chute. Mais , vous l'avez déjà remarqué , il avait signalé bien long-temps d'avance les deux issues que présentait la Charte. Si M. de Villèle eût été maître des affaires dès le commencement de la Restauration , il aurait préparé ces institutions qu'il demanda pendant cinq ans , et qui, seules, pouvaient servir de base à la monarchie. Quand il parvint au pouvoir, la situation était faussée et la révolution installée. Il ne lui resta plus, comme on l'a dit, qu'à tirer le meilleur parti possible d'une mauvaise situation. Il s'attacha fermement à la Charte , qui fut pour lui *une vérité*, comme à l'unique sauve-garde , quelque frêle qu'elle fût, qui restât à la monarchie , pour en tirer toutes les conséquences monarchiques qu'elle pouvait donner encore. Ses efforts furent impuissants devant les passions ameutées contre lui ; il fut obligé de se séparer de ce monarque infortuné, dont on méconnut les intentions généreuses , et que, deux ans après , la révolution triomphante jetait dans l'exil.

« Ah ! s'était-il écrié un jour (1) , si un lâche sentiment » de personnalité pouvait s'insinuer dans mon cœur; si le de- » voir n'était pas tout pour moi , ma véritable ambition serait » de me retirer dans la vie privée, laissant à d'autres tous les » chagrins inséparables du pouvoir, toutes les difficultés du

(1) Dans la discussion de la guerre d'Espagne.

» présent et de l'avenir.... » Ce n'était pas là , Messieurs, un mouvement soudain et involontaire inspiré à l'orateur par les émotions de la tribune , mais l'expression d'un sentiment profondément senti ; et quand vint le moment où le devoir , loin de lui prescrire de rester aux affaires , lui commanda de se retirer , il ne fit que suivre le vœu toujours cher à son cœur , en rentrant dans la retraite , où le digne héritier de son nom , convaincu de bonne heure de la vanité des grandeurs humaines, l'avait depuis longtemps précédé.

C'est là qu'il passa les vingt-six dernières années de sa vie , et qu'il eût trouvé le bonheur , s'il eût pu détourner les yeux des malheurs de la France. Il y trouva du moins le calme, la paix, la sérénité que donne la conscience d'un devoir loyalement accompli. Sans désir , sans ambition pour lui et pour les siens , il avait possédé le pouvoir sans s'y attacher , et l'avait quitté sans regret. Aussi grand dans la disgrâce que dans l'élévation , ne cherchant pas , comme tant d'autres Ministres déchus , à exagérer son importance , dédaignant le bruit et la renommée , il sut honorer sa retraite par la noblesse de son caractère, la modération et la dignité de sa conduite. Il se renferma tout entier dans la vie privée , dont il était si bien fait pour apprécier tout le charme , et revint à ses travaux agricoles avec cette simplicité dont nous ne retrouvons l'exemple que dans les souvenirs de l'ancienne Rome. Quand , après quelques mois passés à Toulouse , il retournait à Morvilles , au milieu de ces bons paysans qui avaient vieilli sur son domaine de génération en génération , et dont il était le père et l'ami , ses premiers pas se dirigeaient vers leurs demeures. Il s'informait avec bonté de leurs joies, de leurs peines, de leurs besoins. Il leur prodiguait ses conseils et surtout ses secours. Sa main était toujours ouverte , et le malheureux ne l'implora jamais en vain. La contrée tout entière était habituée , alors comme aujourd'hui, à tourner ses regards vers Morvilles comme vers une source intarissable, où allaient puiser tous les dénuements, toutes les infortunes.

Fidèle à ses devoirs envers les hommes, il n'oubliait pas ses devoirs envers Dieu. Chrétien sincère et convaincu, jamais M. de Villèle, même dans le tourbillon des affaires, ne négligea les saintes pratiques commandées par la religion. Sa foi et sa charité obtinrent dans ce monde la plus douce des récompenses : Dieu prodigua au père et à l'époux les trésors de ses plus riches bénédictions.

C'est au milieu des vœux et des prières du pauvre, plus généreusement secouru dans une année où la disette a multiplié les besoins, que M. de Villèle vit arriver le terme de sa carrière. La religion qui l'avait soutenu dans toutes les épreuves de sa vie, consola ses derniers moments, et reçut son dernier soupir (1). La simplicité de ses funérailles répondit à la simplicité de ses mœurs. Nulle pompe, nulle marque extérieure des nombreuses dignités dont il était revêtu. L'affluence qui formait son convoi, dans lequel se confondaient tous les rangs, toutes les opinions, annonçait seule qu'un grand citoyen avait cessé de vivre ; et cet homme, qui avait été investi des plus hautes fonctions de l'Etat, qui était décoré de presque tous les ordres nationaux et étrangers (2), qui avait rempli l'Europe

(1) M. de Villèle est mort le 13 mars 1854.

(2) M. de Villèle fut nommé Chevalier de Saint-Louis, le 30 décembre 1820 ; Officier de la Légion d'honneur, le 1er mai 1821 ; Chevalier de la Toison-d'Or, et Grand-Croix de l'Ordre de Charles III, en octobre 1823 ; Chevalier des Ordres du Roi, le 30 décembre 1823 ; Grand-Cordon de l'Ordre du Christ de Portugal, en 1824 ; Commandeur de l'Ordre de Saint-Etienne de Hongrie, en mai 1825 ; Pair de France, le 8 janvier 1828. Il avait reçu le titre héréditaire de Comte, le 17 août 1822. (*Considérations sur la Pairie de France*, par le chev. de Courcelles.)

de son nom , n'a reçu d'autre hommage public que celui que notre modeste Société lui rend en ce moment.

Un jour viendra où l'équitable histoire lui payera le tribut de gloire et d'honneur qui lui appartient, et où il prendra sa place dans cette enceinte (1), consacrée par la reconnaissance publique aux grands hommes qui ont illustré la cité.

(1) La Galerie des Illustres, au Capitole.

Toulouse , Impr. de J.-M. Douladoure.

www.ingramcontent.com/pod-product-compliance
Lightning Source LLC
Chambersburg PA
CBHW071442030726
47594CB00006B/2790